MAGIA CASERA

Xilef Aron

MAGIA CASERA

EDICIONES OBELISCO

Si este libro le ha interesado y desea que le mantengamos informado de nuestras publicaciones, escríbanos indicándonos qué temas son de su interés (Astrología, Autoayuda, Ciencias Ocultas, Artes Marciales, Naturismo, Espiritualidad, Tradición...) y gustosamente le complaceremos.

Los editores no han comprobado la eficacia ni el resultado de las recetas, productos, fórmulas técnicas, ejercicios o similares contenidos en este libro. No asumen, por lo tanto, responsabilidad alguna en cuanto a su utilización ni realizan asesoramiento al respecto.

Puede consultar nuestro catálogo en www.edicionesobelisco.com

Colección Magia y Ocultismo
MAGIA CASERA
Xilef Aron

3.ª edición: enero de 2011

Maquetación: *Natalia Metelska*
Corrección: *M.ª Ángeles Olivera*
Diseño de cubierta: *Marta Rovira*
sobre una ilustración de Fotolia

© 2011, Ediciones Obelisco, S. L.
(Reservados los derechos para la presente edición)

Edita: Ediciones Obelisco, S. L.
Pere IV, 78 (Edif. Pedro IV) 3.ª planta, 5.ª puerta
08005 Barcelona - España
Tel. 93 309 85 25 - Fax 93 309 85 23
E-mail: info@edicionesobelisco.com

Paracas, 59 C1275AFA Buenos Aires - Argentina
Tel. (541.14) 305 06 33 - Fax: (541.14) 304 78 20

ISBN: 978-84-9777-713-1
Depósito Legal: B-563-2011

Printed in Spain

Impreso en Novoprint, S. A.
Energía, 53 – 08740 Sant Andreu de la Barca (Barcelona)

Prólogo

Durante años, la magia, los hechizos y los conjuros se han practicado en todas las culturas. Si bien puede existir cierto escepticismo respecto a ella por parte de quienes la desconocen, muchos han sido los estudiosos –incluidos experimentadores y seguidores– que prefirieron mantener una actitud abierta, constatando, por otra parte, los cambios o «mutaciones» que podía producir.

Magos, sacerdotes, profetas y ocultistas nos han legado un gran número de fórmulas o «filtros» mágicos usados tanto por ellos como por sus contemporáneos. El hecho de aceptar «favores» de ciertos productos que están al alcance de nuestra mano implica, sin lugar a dudas, no dejar que el destino nos tome por sorpresa, al influir sobre aquellas energías que consideramos beneficiosas. Éstos son los elementos de la magia casera, objeto de este libro.

Por esta razón, en esta pequeña obra encontrará un interesantísimo bagaje de recetas, así como algunos consejos prácticos que serán de su interés, tanto si es un estudioso como un practicante de la magia o la hechicería. Los resultados de su magia no sólo dependerán de que siga correctamente cada una de las instrucciones, sino, y por encima de todo, de sus intenciones. El deseo es la fuerza mágica por excelencia, y nuestro destino, aquello que nos ocurre, es el resultado de lo que pensamos y deseamos. No olvide, pues, que, si intenta realizar algún ritual para perjudicar a alguien, siempre se volverá contra usted. Es lo que en magia se conoce como efecto bumerán.

Estudie las enseñanzas de la magia casera y utilícelas para enriquecer su vida y la de sus seres queridos.

Introducción

Breve historia de la magia

Desde la antigüedad, el hombre ha practicado la magia con el fin de dominar la naturaleza. Todo cuanto el intelecto desconocía y no controlaba era suplantado entonces por una asimilación mágica de la existencia. Así es como aquellas fuerzas distantes y superiores eran asimiladas por otro tipo de funciones psíquicas más inmediatas, tales como la percepción o la intuición. Ésta fue una de las causas por las que nuestros ancestros desarrollaron desde tiempos remotos ciertos comportamientos mágicos que respondían a la fluidez de la vida, los ciclos de las estaciones, las cosechas, la fecundidad, etcétera. Si bien son muchos los ejemplos a los que nos podríamos remitir, he aquí algunas breves descripciones de cómo la magia se ha practicado desde siempre en todo el mundo, más allá de creencias, razas, religiones o condiciones sociales.

1. En Victoria, Australia, se creía (y todavía se cree) que un hechizo sobre la ropa de una persona la afecta directamente, con independencia de la distancia a la que se encuentre. Al mismo tiempo, el modo de deshacer el hechizo consistía en quemar la ropa de inmediato.

2. En Tumleo, en la isla de Nueva Guinea, sus habitantes no arrojan vendajes ensangrentados a otro lugar que no sea el mar, ya que de caer en manos de sus

enemigos, éstos les podrían causar algún tipo de daño por procedimientos mágicos a través de su sangre.

3. En Tanna, una de las islas de Nuevas Hébridas, si alguien deseaba influir sobre otro, no tenía más que apoderarse de sus ropas. Si lo conseguía, sólo tenía que frotarlas con unas ramas de laurel, enrollarlas y quemarlas en el fuego. Al consumirse, la persona en cuestión ya estaba bajo su poder.

4. Las brujas europeas medievales, mientras fundían una imagen de cera para que su infiel amante se derritiera de amor, no olvidaban arrojar un trozo de sus ropas, que les hurtaban cuando éstos no se daban cuenta.

5. En Prusia, se creía que un ladrón caía enfermo si, después de haber conseguido alguna de sus ropas, éstas se sacudían tres veces al amanecer durante tres días seguidos.

6. Uno de los más famosos rituales de los nativos del sudeste australiano consiste en enterrar clavos en las huellas que dejan los pies sobre la arena o la tierra, con el fin de que esa persona regrese a su hogar.

7. En Francia, se contaba la historia de una bruja que jamás permitía que caminaran detrás de ella: sabía que si alguien clavaba un clavo sobre sus huellas, quedaría paralizada y no podría caminar.

Por estos, y por un infinito número de datos que por cuestiones de espacio nos es imposible proporcionar al lector, vemos que gracias a esta forma de «participación mística» entre su hacer y los elementos que estaban a su alcance, el hombre se adentraba en el ritmo y la acción del cosmos de un modo al que, si bien podríamos llamar mágico, sería aún más correcto considerar instintivo, en perfecta armonía entre su espíritu y la naturaleza.

Los magos de la antigua Persia fueron quizás los más famosos –junto con los sacerdotes de Sais, en Egipto, los brahmanes de la India, o los druidas entre los galos– al demostrar su dominio sobre ciertos elementos de la naturaleza, basándose en la convicción no sólo de que el alma era inmortal, sino que ésta podía interrelacionarse con cada ser viviente a través de los elementos del mundo material.

En el Antiguo Testamento –si bien se hace referencia sólo en dos ocasiones a las creencias mágicas del pueblo judío– se cuenta cómo el rey Saúl fue a ver a la pitonisa de Endor para obtener información sobre el espíritu de Samuel:

«Entonces dijo Saúl a sus siervos: "Buscadme una mujer que tenga espíritu pitónico, e iré a consultarla". Le dijeron sus siervos: "He aquí que en Endor hay una mujer que tiene espíritu pitónico". Disfrazóse Saúl, poniéndose otros vestidos, y fue allá acompañado de dos hombres. Llegaron de noche donde estaba la mujer, y le dijo Saúl: "Adivíname te ruego por medio del espíritu pitónico, y evócame a aquel que yo te diga". (Libro I de los Reyes; 28.7).

La siguiente historia pertenece a los tiempos del rey Josías (Reyes IV 22:14), y se cuenta cómo Huida, una profetisa judía, gozaba de gran prestigio por su don profético. Según se narra, fue el Sumo Sacerdote Henchías quien, al descubrir en un templo el Libro de la Ley de Moisés, se lo envió con dos sacerdotes para que constatara su autenticidad.

En síntesis, estos ejemplos –igual que un infinito número de datos que por cuestiones de espacio nos es imposible proporcionar al lector– constituyen las diferentes formas de «participación» en la acción del cosmos –con el destino– que ha encontrado el hombre, lo que ha generado la perfecta armonía entre su espíritu y la naturaleza. Pero aunque resulta evidente que la evolución ha logrado interesantes muestras, una parte de la sociedad llamada «civilizada» ha perdido –si no el interés– la «conexión» fluida con este mundo coloreado y mágico, al autoconvencerse de que si las cosas no suceden como se espera, algo está equivocado o va mal. ¿Por qué entonces no comenzar a influir sobre las vibraciones sutiles con aquellos elementos que estén a nuestro alcance, mediante la magia casera? He aquí las fórmulas, recetas mágicas y hechizos que hemos seleccionado especialmente para nuestros lectores.

Capítulo 1

¿Qué debe tener en cuenta al practicar la magia casera?

Lo principal que debe tenerse en cuenta es que cada ritual se practique con la certeza y la concentración suficientes como para que no se produzca un «electo rebote». Sin embargo, lo que no puede desconocer son algunos de los conceptos que encontrará en este libro y que resultan fundamentales para la ejecución de cualquier práctica de magia.

Tenga en cuenta que tanto las recetas como los líanos de «limpieza energética» que encontrará aquí se han experimentado a lo largo de muchos siglos con unos resultados óptimos. Con lo que no crea que, por realizarlos en su casa y con elementos simples, sus efectos serán menores o poco comprobables.

Respecto a algunos ingredientes tales como el azúcar o la miel –utilizados, por ejemplo, para atraer a la persona amada–, quizá crea que es lo mismo optar por una fórmula que por otra. No. En este caso, como en tantos otros en que las recetas apuntan al mismo fin pero con ingredientes diferentes, debe dejarse llevar por su intuición. Si, por ejemplo, no le gusta la miel, reconozca que tendrá menos posibilidades de lograr determinado ritual con ella que si utilizara otra receta de similares características. Del mismo modo, JAMÁS CONSUMA NINGÚN INGREDIENTE SI PREVIAMENTE HA HECHO MAGIA CON ÉL. Recuerde que aunque no vea los resultados al instante, ya habrá trabajado con energías sutiles. Además, deberá considerar muy especialmente:

I) Las fases lunares

Nunca olvide que las fases de la Luna resultan fundamentales para realizar cualquier tipo de magia. En cualquier periódico encontrará lo que necesita saber sobre cuándo se producen los cambios; consúltelos antes de poner en práctica cualquiera de las fórmulas.

Luna creciente: con sus vibraciones, ayuda a unir parejas, a fortalecer lazos amorosos, a despertar el interés de la persona amada, a recuperar objetos perdidos, a aumentar las ganancias materiales y a recuperar la salud. Es muy beneficiosa en todos sus aspectos.

Luna llena: si bien muchos magos afirman que puede ayudar a encontrar nuevos amores, la creencia más generalizada es que no conviene realizar ningún ritual durante esta fase. De todas formas, si lo que desea es aumentar su magnetismo personal y su influencia, ésta quizás sea la Luna apropiada para trabajar en su propia persona. También se recomienda para confeccionar los talismanes, tanto propios como ajenos, aunque nunca deberá entregárselos durante esta fase a la persona a la que vayan destinados.

Luna menguante: deberá prestar atención a esta fase lunar si lo que desea es alejar, por ejemplo, a un amante; influir en ciertos acontecimientos que deberían estar lejos de sus vibraciones o bien para que alguien cambie respecto a usted.

Luna nueva: en algunos rituales se aconseja muy especialmente esta Luna para que los efectos se prolonguen durante más tiempo. Cuando se produzca esta fase, concéntrese en especial en sus rituales.

Eclipses: nunca realice ningún ritual si hay un eclipse total o parcial, ya sea de Luna o de Sol. Las energías pueden cruzarse o regresar a usted.

Tenga en cuenta que, en algunas recetas, se indica especialmente cuál debe ser la lunación en que debe trabajar. En esos casos, respétela.

2) Los días apropiados

Descubrirá que, del mismo modo que existen lunaciones específicas para lograr uno u otro objetivo, también deberá ajustarse en ciertos casos a días determinados para practicar sus rituales. Cuando no se indique, tendrá que considerar las siguientes pautas.

Lunes: para atraer relaciones en general y especialmente para despertar la amistad y el amor. También es un día óptimo para cambiar su suerte respecto al dinero.

Martes: «Limpieza» y «purificación» de los hogares, lugar de trabajo, prendas personales, etcétera. Además, suele ser el mejor día para alejar personas o amantes, entre otras cosas.

Miércoles: ideal para fortalecer uniones de todo tipo, ya sean afectivas o comerciales. También para mejorar la salud y la armonía entre las personas.

Jueves: utilice este día para elaborar sus talismanes, para encender velas para «limpiezas» y para practicar rituales relacionados con la prosperidad y el bienestar material.

Viernes: especial para conseguir trabajo, alejar vibraciones negativas de su entorno y potenciar el amor y el magnetismo personal.

Sábado: es el día indicado para influir en las conquistas amorosas y hacer que se desbloqueen los asuntos que estaban estancados.

Domingo: para distanciar o alejar malas vibraciones de cualquier índole. Es el mejor día para conectar con su Yo superior.

3) Horarios especiales

Es fundamental respetarlos según se indique en las recetas. Podrá observar que cuando se muestra una fórmula para atraer el amor, o la pasión, se sugiere siempre realizar el ritual por la mañana, al amanecer, o antes de las diez. Esto, como es lógico, tiene un sentido, ya que magos de todas las épocas han comprobado que ésas son las horas en que la energía fluye mejor y sin dispersarse. No olvide que durante el día la energía del Sol potencia la actividad de todos los seres vivos, favoreciendo la confluencia de energías y vibraciones. Durante la noche, por el contrario, la Luna hace que las fuerzas sean más receptivas, como «si se metieran hacia dentro». Siempre que queramos descubrir algo, ya se trate de una infidelidad, un secreto, o algo relacionado con la pérdida de un algún objeto, el ritual se deberá realizar siempre por la noche.

Cuando se dice «entre las 23:00 y las 24:00 horas», para realizar un trabajo determinado, no crea que cinco minutos más o menos no son importantes. Piense que a cada hora —y hasta a cada segundo— las vibraciones cósmicas cambian a pasos agigantados, de manera que varían de este modo tanto los resultados como la fuerza potencial. Tampoco deberá extrañarle que, aunque la noche sea el momento de mayor receptividad, en algunas recetas muy concretas esté indicada para realizar rituales de otra índole. Esto se debe a que algunas sustancias, al combinarse con otras, requieren ciertos horarios específicos. Obviamente resultaría muy problemático explicar los motivos.

4) La influencia de los vientos

¿Creía que sólo la Luna, los días y las horas eran los únicos factores que deben tenerse en cuenta? Obviamente, no. Los vientos, como cualquier fenómeno natural, inciden de un modo muy especial en cada ritual. Los brujos de Tierra del Fuego, en Argentina, nunca practican ningún ritual cuando el viento sopla del norte y, si aun así deben hacerlo, pronuncian un conjuro, al mismo tiempo que arrojan contra él nueve conchas de mar. También se dice que las brujas de Escocia para levantar viento —si es que lo necesitaban para algún hechizo— acostumbraban a mojar un trapo y, mientras lo golpeaban tres veces sobre una piedra, pronunciaban el siguiente conjuro: «Golpeo este trapo sobre esta piedra para levantar el viento, que no cesará hasta que yo quiera».

(Como se ha explicado con respecto a los días, en caso de no especificarse en la receta en cuestión, siga las siguientes instrucciones.)

Viento proveniente del sur: constituye en sí mismo una fuerza muy favorable para cualquier tipo de ritual. Es muy importante aceptar su influencia en aquellos rituales en los que el hechizo esté destinado al amor, la pasión, o a recuperar a la persona amada.

Viento proveniente del norte: es muy apto para alejar las energías negativas que nos alteran, ya sea para un trabajo personal o respecto a otras personas.

Viento proveniente del este: es fundamental tenerlo en cuenta cuando se quiera favorecer la comunicación, la telepatía o las nuevas uniones.

Viento proveniente del oeste: todos los magos lo consideran el viento de la limpieza en todos sus niveles: mental, físico y espiritual.

5) Las velas: sus colores y el lenguaje de su llama

Nunca utilice velas que midan menos de 20 centímetros, ya que éste es el tamaño mínimo para que puedan actuar sus vibraciones.

Jamás recurra a la misma vela dos veces; SIEMPRE debe dejar que se consuman. Al comprarlas, decántese por las que sean completamente lisas, sin ningún tipo de decoración o forma. El poder que desprenden según sus colores es el siguiente:

Velas rojas: para atraer el amor pasional.

Velas verdes: para lograr poder sobre las situaciones y atraer el dinero.

Velas blancas: para lograr matrimonios, uniones comerciales y de parejas; protección y limpiezas.

Velas amarillas: para atraer riquezas de todo tipo, ya sean de orden material o espiritual.

Velas moradas: para acelerar operaciones comerciales, atraer nuevas oportunidades y mejorar las ganancias que se perciben a través del trabajo.

Velas azules: óptimas para mejorar en todos los niveles y en especial en lo relacionado con la salud y el dinero.

Velas negras: para lograr separaciones, distanciamientos o alejar a personas que nos han hecho daño.

(Es fundamental que siempre las encienda con cerillas, en lo posible de madera.)

Otra de las cosas que deberá considerar a la hora de trabajar con las velas es el tipo de llama que desprenden, ya que ésta será la señal que le indicará cómo van los temas en los que se está trabajando.

Llama débil que se apaga con frecuencia: situación de abandono.

Llama excesivamente baja: abatimiento, cansancio.

Llama nítida que aumenta: aceptación del «trabajo».

Llama que desprende humo oscuro: situación de agresión.

Llama baja y oscilante: ambivalencia, duda, motivos secretos que habrá que descubrir.

Llama nítida: amistad, amor, cariño.

Llama que chisporrotea y desprende humo oscuro: situación de angustia, falta de energía vital.

Llama muy brillante que aumenta de tamaño: factores de crecimiento que, o bien ya están en sus inicios, o bien están a punto de aparecer.

Llama que chisporrotea y desprende bolitas de grasa: situación de avaricia y de segundas intenciones poco claras.

Llama que prende bien, duplica su tamaño y es más brillante en el extremo: matrimonio próximo.

Llama nítida que en ningún momento disminuye de tamaño: situación de fácil conservación.

Llama débil que poco a poco reduce su tamaño: disminución de las energías de quien recibe el «trabajo», dilución de situaciones.

Llama que chisporrotea y se mueve en forma de espiral: desconfiar de la situación en la que se está «trabajando».

Llama que se apaga con facilidad: engaño.

Llama débil y oscilante: indecisión.

Llama a la que le cuesta encenderse: infertilidad.

Llama que arde excesivamente baja: penas, energías destructivas.

Por último, le aconsejamos que antes de poner en práctica cualquiera de estas recetas, las «bautice» con agua bendita —derramándola sobre ellas antes de encenderla— con el fin de prepararlas para una mejor vibración. (Tenga en cuenta que, en algunas recetas, esto se especifica muy especialmente, aun después de que se hayan consumido.)

6) El vaso de agua en los hechizos

En muchas recetas, podrá observar que se sugiere como medida óptima llenar un vaso con agua hasta más de la mitad de su capacidad, lo que tiene su explicación. En efecto, el vaso es para la magia el cuerpo humano —el aspecto físico del hombre—, ya que éste también está compuesto por más de la mitad de agua. Por eso, el agua que vierta en el vaso «colaborará» –en el intercambio magnético y energético de los líquidos– con la persona a quien va dirigido el hechizo, aunque se trate de usted mismo.

(Cabe apuntar que cuando se indica «frascos» o «botellas» en determinadas fórmulas con respecto al envase, debe tener en cuenta que, si, por ejemplo, se le pide que lo hierva en una proporción de agua con sal, es para eliminar las energías negativas; si se le pide que lo rocíe con agua bendita, es para «limpiarlo» en todos sus niveles, dada la importancia del trabajo que se va a realizar; y, si, por el contrario, se le pide que lo recoja en un bosque o en la calle, nunca deberá limpiarlo.)

7) El altar

Es obvio que si ha pensado en convertirse en mago sabrá que necesita su espacio, su lugar de recogimiento, de concentración y de trabajo.

Un altar no es algo que resulte muy difícil de construir. Sólo necesita saber, en primer lugar, de qué lugar de la casa –más tranquilo– puede disponer. Una vez que ya haya decidido el sitio apropiado, consiga una mesa cuadrada –no rectangular– y cúbrala con un mantel blanco.[1]

Allí, además de los elementos específicos que necesite para realizar sus rituales, precisará un vaso con agua, un poco de tierra, una vela blanca, que siempre debe estar encendida mientras trabaje –aparte de las utilizadas para cada ocasión–, y un incensario, que podrá conseguir en

---

1. Para más información sobre los utensilios mágicos, consulte *Magia para todos,* publicado por Ediciones Obelisco.

cualquier casa de antigüedades o de artículos religiosos. Estos cuatro útiles representan, ni más ni menos, los cuatro elementos de los que consta el cosmos: agua, aire, fuego y tierra. Por otra parte, dependiendo de su signo zodiacal, le recomendamos que cree su propio amuleto con el fin de potenciar sus facultades y su poder. Busque su signo e introduzca los ingredientes dentro de la bolsita el día y hora indicados. Ésta debe ser de tela, preferentemente de seda o hilo. Una vez que ya tenga confeccionado su talismán personal, guárdelo durante veintiún días bajo su almohada o, mejor aún, cóselo dentro de ella. A partir de entonces, ¡que nunca falte en su altar!

El talismán de cada signo

Aries:
1 bolsita de color rojo
8 granos de mostaza
una pizca de salvado
8 hojas de ruda macho
1 grano de café
una pizca de raíz de mandrágora
un trocito de hierro
1 piedra: malaquita

Día: martes, domingo o jueves

Hora: entre las 2:00 horas y las 8:00 horas, si es primavera o verano. Entre las 24:00 horas y las 6:00 horas, si es otoño o invierno.

Tauro:
1 bolsita de color rojo, anaranjado o amarillo
un poco de azafrán
un poco de tomillo
2 hojas de laurel

5 granos de café
una pizca de té de menta
6 pétalos de claveles rojos
unas gotas de su perfume
1 nuez
limaduras de cobre

Días: lunes, jueves, viernes o sábado
Horas: entre las 24:00 horas y las 6:00 horas, si es primavera o verano. Entre las 22:00 horas y las 4:00 horas, si es otoño o invierno.

Géminis: 1 bolsita de color amarillo o azul
1 jazmín
5 hojas de menta
una pizca de mejorana
1 lazo amarillo
2 objetos idénticos
una pizca de tomillo
una pizca de azafrán
5 granos de café
1 piedra: jaspe

Días: lunes, jueves, viernes o sábado
Horas: entre las 22:00 horas y las 4:00 horas, si es primavera o verano. Entre las 20:00 horas y las 2:00 horas, si es otoño o invierno.

Cáncer: 1 bolsita blanca o plateada
2 hojas de laurel
2 semillas de calabaza
una pizca de anís
una pizca de orégano
una pizca de anís en grano
una pizca de té negro

una pizca de té de menta
limaduras de aluminio

Días: lunes

Horas: Entre las 20:00 horas y las 2:00 horas, si es primavera o verano. Entre las 18:00 horas y las 24:00 horas si es otoño o invierno.

Leo: 1 bolsita dorada, naranja o amarilla
una pizca de nuez moscada
una pizca de canela
7 lentejas
7 granos de arroz
7 granos de trigo
3 granos de café
una pizca de té de menta
una pizca de té de manzanilla
7 hojas de albahaca
1 cadenita de oro o dorada
1 piedra: topacio

Días: jueves

Horas: Entre las 18:00 horas y las 24:00 horas, si es primavera o verano. Entre las 16:00 horas y las 22:00 horas si es verano o invierno.

Virgo: 1 bolsita pequeña de color marrón, violeta, o amarilla
ralladura de limón
ralladura de naranja
1 ramita de canela
9 granos de maíz
9 hojas de menta
9 hojas de perejil
9 granos de café

6 granos de arroz

1 cucharadita de tierra de bosque

1 piedra: ágata

Días: miércoles o sábado

Horas: Entre las 16:00 horas y las 22:00 horas, si es primavera o verano. Entre las 14:00 horas y las 20:00 horas, si es otoño o invierno.

Libra: 1 bolsita verde o azul

1 moneda antigua

1 pizca de nuez moscada

6 granos de arroz

6 granos de café

semillas de cilantro

semillas de hinojo

semillas de perejil

6 hojas de menta

Días: viernes

Horas: Entre las 14:00 horas y las 20:00 horas, si es primavera o verano. Entre las 12:00 horas y las 18:00 horas si es otoño o invierno.

Escorpio: 1 bolsita de color verde oscuro

limaduras de hierro

una pizca de romero

unas flores de lavanda

un poco de anís

un poco de nuez moscada

semillas de granada

semillas de calabaza

un poco de azúcar moreno

una pizca de té negro

unas ramitas de verbena

Días:	martes o jueves
Horas:	Entre las 24:00 horas y las 6:00 horas, si es primavera o verano. Entre las 22:00 horas y las 4:00 horas, si es otoño o invierno.
Sagitario:	1 bolsita amarilla o morada
	3 granos de café
	3 garbanzos
	3 granos de arroz
	una pizca de canela
	una pizca de salvia
	una pizca de romero
	una pizca de café molido
	3 pétalos de una rosa amarilla
	3 pétalos margarita
	limaduras de cobre
Día:	domingo
Horas:	Entre las 10:00 horas y las 16:00 horas, si es primavera o verano. Entre las 8:00 horas y las 14:00 horas, si es otoño o invierno.
Capricornio:	1 bolsita morada
	limaduras de plomo
	ralladura de limón
	una pizca de eneldo
	1 clavel rojo
	8 hojas de menta
	8 pepitas de naranja
	una pizca de nuez moscada
Día:	sábado
Horas:	Entre las 8:00 horas y las 14:00 horas, si es primavera o verano. Entre las 6:00 horas y las 12:00 horas, si es otoño o invierno.

Acuario: 1 bolsita azul claro
4 hojas de perejil
4 hojas de menta
4 granos de café
1 diente de ajo
1 pepita de manzana
1 pepita de pera
4 violetas
semillas de girasol
1 piedra: ámbar

Días: miércoles o sábado

Horas: Entre las 6:00 horas y las 12:00 horas, si es primavera o verano.
Entre las 4:00 horas y las 10:00 horas, si es otoño o invierno.

Piscis: 1 bolsita violeta
1 avellana
1 almendra
1 nuez
una pizca de té negro
1 jazmín
3 granos de maíz
3 granos de arroz
un poco de pimienta negra
semillas de calabaza
3 lentejas

Días: lunes o viernes

Horas: Entre las 4:00 horas y las 10:00 horas, si es primavera o verano.
Entre las 2:00 horas y las 8:00 horas, si es otoño o invierno.

8) La vestimenta

Debe ser muy ligera para permitir los movimientos. El color de las prendas puede ser blanco, beis o marfil con el fin de permitir la fluidez energética.

9) La importancia de las oraciones y las invocaciones

En algunos casos, observará que se transcribe exactamente la oración que debe decir en un momento determinado. En otros, por el contrario, se le pide que rece a su guía espiritual o ángel de la guarda. Sea cual fuere la situación, las invocaciones y las oraciones constituyen en sí mismas una especie de «puente» entre el mundo material –con el que está trabajando– y el mundo sutil o espiritual hacia el que está enviando ciertas vibraciones.

Considere que cuando se dice «repita en voz alta» o bien, «repita mentalmente» determinadas palabras, deberán citarse al pie de la letra, es decir, NO CAMBIE NI UNA LETRA porque es así como funcionan tanto los hechizos como los contrahechizos.

Por último, no olvide que las guías espirituales, los santos, o los ángeles, son quienes interceden ante Dios para que una cosa u otra se cumpla. Pronuncie las palabras siempre con fe y plena convicción de que se cumplirá lo que desea. Usted es el primer puente en una cadena de sucesiones.

Capítulo 2

Magia casera

LA SAL

A pesar de que existen diversos aspectos relacionados con la importancia de la sal –como condimento fundamental y fisiológicamente necesario–, la creencia más arraigada desde tiempos antiguos es que tiene el don –o la capacidad– de producir transmutaciones de orden tanto moral como espiritual. En la actualidad, los japoneses la usan como un importante purificador de energías, del mismo modo que en sus ceremonias los sintoístas, cuando la colocan en pequeños montoncitos cerca de las puertas de las viviendas, o sobre el suelo, después de las ceremonias funerarias.

Para los antiguos filósofos herméticos, la sustancia del universo se manifestaba según tres formas y tres modos: la forma activa y motriz, el azufre; la forma pasiva y móvil, el mercurio; y la forma equilibrada y mixta, la sal, como sustancia fija que no se descompone. Con lo que probablemente por este motivo a lo largo de los años se convirtió en un elemento fundamental para los rituales. De todas formas, aunque decida no poner en práctica ningún ritual con ella, nunca olvide lo siguiente:

1. SI LA PIDE PRESTADA ES CONVENIENTE QUE SIEMPRE LA DEVUELVA; DE NO SER ASÍ, HABRÁ CAPTADO LAS VIBRACIONES NEGATIVAS DE LA PERSONA QUE SE LA HAYA DEJADO.

2. SI SE LE CAE, HAGA LA SEÑAL DE LA CRUZ TRES VECES EN SU CUERPO ANTES DE RECOGERLA, YA QUE PUEDE SER UN MAL AUGURIO.

Las recetas

La sal como protector del hogar

1 bolsita de lienzo blanco
7 granos de sal gruesa
1 ramita de romero

Introduzca los siete granos de sal y el romero en la bolsa. La noche de un viernes, a las 23:00 horas, déjela en un lugar de la casa donde no se vea, pero cerca de la puerta de entrada. Debe cambiarla cada viernes, durante nueve semanas seguidas, repitiendo mentalmente la siguiente oración mientras introduce los granos:

«Que por cada uno de estos granos se vaya el mal de mi casa y se me devuelva en bien mil veces, en nombre de san Agustín, santo Tomás y san Pancracio. Amén».

Limpieza de malas influencias en el hogar

📖 7 cucharadas de sal gruesa
1 cuenco hondo
7 brasas de carbón (del que se compra en las casas de magia)
1 cucharada de canela en polvo
7 cucharadas de agua bendita
1 vela blanca

Encienda la vela en su hogar en un lugar que sea amplio. En un recipiente de metal con asas, deberá encender las siete brasas y, sobre ellas, esparcir la sal y la canela. Recorra toda la casa mientras se desprende el humo y diga en voz alta la siguiente oración:

«Que por las puertas de esta casa salgan todas y cada una de las malas influencias. En nombre de los ángeles Gabriel, Rafael, Miguel y Uriel, y en el nombre del Señor, que así sea».

Cuando acabe, vierta sobre su incensario las siete cucharadas de agua bendita.

Esta limpieza deberá efectuarla al menos dos días seguidos, comenzando por un martes o un viernes, preferiblemente cuando haga viento del oeste y durante el amanecer.

Para lograr la fidelidad del ser amado

📖 1 paquete pequeño de sal
1/2 vaso de agua bendita
12 pétalos de rosas rojas
1 plato blanco

Coloque los granos de sal en forma de cruz sobre el plato blanco. Con el dedo índice de la mano derecha, dibuje trece veces en el aire la misma cruz siguiendo la trayectoria de la dibujada en el plato. Mientras realiza las cruces, pronuncie la siguiente oración:

«Tú (nombre del amado o amada) no podrás serme infiel que, por obra de esta cruz de sal quedarás ligado para siempre a mí».

Seguidamente, distribuya cuatro pétalos de rosa en cada uno de los brazos de la cruz y piense en el amor que siente por ese ser. Derrame sobre ellos el agua bendita mientras reza tres avemarías.

Los magos aconsejan realizar esta práctica durante las primeras horas de la salida del sol, y dejar que el plato mágico absorba luego su luz durante todo el día. Podrá llevarlo a cabo cualquier día de la semana.

La magia de la sal para atraer el dinero

7 granos de sal gruesa
1 recipiente de cristal transparente y sin dibujos.

Si bien magos de todo el mundo han empleado esta fórmula, se ha sabido con el tiempo que su origen se remonta a las más antiguas civilizaciones de Extremo Oriente, donde existía la creencia de que la energía que alejaba la suerte de una persona se concentraba en sus manos.

Coloque los siete granos de sal gruesa en el vaso. Agregue agua hasta más de la mitad de su capacidad. Espere a que la sal se disuelva sola (no la remueva con ningún instrumento). Cuando ya no sea visible, haga sobre el vaso tres veces la señal de la cruz. Acto seguido, rece la siguiente oración, al mismo tiempo que introduce en el recipiente su mano derecha, primero, y, después, la izquierda:

«Por medio de este bautismo mágico, mi mano (derecha-izquierda) queda libre de toda influencia negativa para obtener dinero».

Este ritual debe practicarlo cualquier día del mes (sólo uno), durante tres meses y siempre cuando la Luna se encuentre en su fase creciente.

La sal que ayuda a olvidar a un antiguo amor

3 velas amarillas
1 puñado de sal
1/2 taza de vinagre blanco
aceite de oliva virgen, el necesario
papel blanco no absorbente.

Coloque sobre el papel las velas en forma de triángulo con el vértice hacia arriba. En el medio, escriba, con el aceite de oliva virgen, el nombre de la persona que se desee alejar. Esparza la sal sobre lo escrito mientras repite:

«Por mi influencia, a partir de este momento te alejarás para siempre de mí, porque lo deseo y lo quiero».

Deberá dejar todos las cosas en su sitio hasta que se consuman las velas. Después, envuelva lo que quede de cera en el papel blanco y rocíe sobre él el vinagre. Deberá enterrar la bolsita en un bosque lejos de su casa.

Los magos aconsejan realizar este ritual en sábado, tantos como sean necesarios hasta que se produzca el efecto deseado.

La sal que aleja amantes

1 bolsa de la basura
un puñado de sal gruesa que le hayan regalado nueve
amigos diferentes
1 taza de vinagre blanco

Pida a sus amigos que le regalen un puñado de sal. Ellos mismos serán quienes la introduzcan en la bolsa de basura. Usted, por nada del mundo, debe tocarla. Una vez que tenga los nueve puñados, rocíela con el vinagre y déjela una noche a la luz de la Luna de un cuarto menguante. Al día siguiente, rocíela con el vinagre mientras repite las siguientes palabras:

«Por medio de la acción y el poder que me brinda la alquimia del vinagre y la sal, y (diga su nombre) deseo que se vea cumplida mi voluntad de que tú (diga el nombre de la persona) te alejes de mí para siempre». Rece tres avemarías y tres padrenuestros.

Entierre todo muy lejos de su casa. Realice este ritual un viernes, siempre a partir de las 22:00 horas. Durante los tres días posteriores, coloque debajo o al lado de su cama un tazón con tres cuartas partes de agua y un puñado de sal. Si al despertar observa burbujas, es que el hechizo ha surtido el efecto deseado. De lo contrario, repítalo.

Esparza sal en su casa después de la partida de una persona indeseable

Recoja con su mano izquierda un puñado de sal gruesa. Con el dedo índice de la mano derecha, dibuje un círculo sobre el suelo, en el lugar exacto donde estuvo aquella persona. Arroje en su interior el puñado de sal gruesa mientras se imagina a esa persona dentro de un círculo azul. Realice este hechizo siempre entre las 23:00 y las 24:00 horas.

Fórmula secreta de la sal para «limpiar» su ropa de posibles hechizos

1 cuenco grande con tres cuartas partes de agua
7 puñados de sal
3 gotas de vinagre blanco
3 gotas de agua de azahar

Lleve a ebullición el agua con la sal en el cuenco durante siete minutos. Apague el fuego y vierta el vinagre y el agua de azahar; después de lavar la ropa como de costumbre, déjela en remojo durante siete horas. Una vez transcurrido este tiempo, tiéndala al sol y siempre con las aberturas hacia arriba.

Limpieza con sal antes de las mudanzas
(Este ritual es una tradición en Ratzeburgo)

cuencos pequeños, los necesarios
sal gruesa, la necesaria

Si ha decidido mudarse, a partir del mismo día en que firme el contrato de alquiler o compra de su vivienda, deberá dejar durante siete noches los cuencos con sal en las puertas y ventanas de su nueva casa. Antes de colocarlos, dibuje una cruz sobre la sal en cada uno de ellos, al mismo tiempo que repite el siguiente conjuro:

«Tanto hombres como mujeres de esta casa siempre estarán satisfechos, por obra de los granos grandes y de los pequeños, segando lo malo y permitiendo lo bueno».

Transcurrido el tiempo indicado, entierre la sal en una maceta de su hogar.

EL AZÚCAR

El azúcar, así como a su manera lo es la sal u otros elementos, es un importante protector tanto para la limpieza energética como para reforzar las uniones entre los amantes. En la Edad Media, se utilizaba para que las doncellas atrajeran a sus amantes. He aquí la receta.

Receta antigua y secreta para atraer el amor

3 velas rojas de más de 21 cm (si el amor que desea es más pasional) o 3 velas blancas de más de 21 cm (si desea un amor más duradero)
7 cucharadas de azúcar
7 cucharadas de tierra de montaña o bosques
una pizca de su perfume
21 cucharadas de alcohol

Es muy importante comenzar esta práctica en lunes y continuarla durante siete semanas, siempre el mismo día y a las 2:00 horas. Lo primero que debe hacer es cortar cada una de las velas en siete partes iguales, es decir, de 3 cm cada una de ellas, con lo que, desde el vértice a la base, cada segmento se corresponderá con cada uno de los siete lunes. Comience el primer lunes con los tres trozos correspondientes al vértice. Ubíquelos de forma triangular y vierta un poco de su perfume, que dejará después dentro del triángulo. Enciéndalas durante siete minutos y diga en voz alta la siguiente oración:

«Por el fuego de mi corazón (decir el nombre de la persona amada) quedas a partir de este momento unido a mí a través del aroma de mi perfume. Para que la dulzura de nuestro amor sea posible, yo le pido a (nombre a su guía personal o a su ángel) que bendiga nuestra unión».

Deje que las velas se consuman. Al día siguiente, arroje sobre ellas un poco más de su perfume, una cucharada de azúcar y una de tierra. Vuelva a decir la oración y, en un lugar donde no exista ningún peligro, derrame tres cucharadas de alcohol y vuelva a encender todo hasta que se consuma.

El azúcar para unir relaciones que se han distanciado

 1 tazón de azúcar
3 velas azules
3 cintas de 21 cm cada una: una azul, para favorecer la unión; una blanca, para la pureza; y una amarilla, para la paz espiritual.
1 fotografía en la que se encuentren las personas que se desea volver a unir y en la que estén juntas, o bien por separado, una de cada uno de ellos.

Este hechizo se cumple siempre a los siete días de haberse realizado. Nunca lo inicie en Luna menguante y, a ser posible, comience en miércoles. Lo primero que debe hacer es trenzar las cintas y colocarlas dentro del tazón con el azúcar. A medida que las vaya introduciendo, vaya repitiendo lo siguiente:

«Así como el amor, la paz y el crecimiento funcionan unidos en la naturaleza, del mismo modo (decir los nombres de quienes desea unir) quedarán entrelazados para siempre por medio de este ritual».

Seguidamente, encienda las tres velas azules, a las que habrá colocado previamente a modo de triángulo. Ponga en el centro del triángulo la o las fotografías de modo invertido, es decir, con la cabeza hacia abajo. (Recuerde que, tal como ocurre con el Arcano El colgado del tarot de Marsella, la posición hacia abajo facilita la receptividad de la energía cósmica.) Sobre ellas, esparza tres puñados del azúcar ya ritualizada mientras dibuja tres cruces sobre el azúcar y reza la siguiente oración:

«Señor, haz que estas personas vuelvan las mirada hacia ti y muéstrales el camino del amor. Por Jesucristo Nuestro señor. Amén».

Finalmente, haga un rollo con las fotografías y átelas con la cinta trenzada. Una vez que las velas se hayan consumido, entiérrelas en un maceta hasta que la Luna haya cambiado de fase.

Fórmula del azúcar para afianzar relaciones que comienzan

azúcar necesaria
canela en polvo
18 velas blancas
36 alfileres

Este ritual debe hacerse durante nueve días seguidos, al amanecer, y nunca con la Luna en cuarto menguante. Mezcle el azúcar con la canela. Escoja dos de las dieciocho velas y páselas por la preparación. Mientras lo hace, diga en voz alta:

«A partir de ahora, estas velas dejan de ser lo que son. Por obra de la magia de la canela y el azúcar quedan unidos para siempre (diga el nombre y apellido de los amantes)».

Seguidamente, decida cuál de ellas representa al hombre en cuestión y cuál a la mujer. Clave dos alfileres en forma de cruz en el vértice de cada una de ellas. Evoque a su guía espiritual y pídale que, del mismo modo que ha clavado los alfileres, el pensamiento de ambos quede unido para siempre. Encienda las velas y déjelas arder hasta que se consuman. Continúe «trabajando» los ocho días restantes.

Cómo atraer a la persona amada con el azúcar

3 cucharadas colmadas de azúcar
1 vela rosa
unas gotas de su perfume
4 alfileres

En la cera de la vela escriba el nombre, el apellido y la fecha de nacimiento de su amado o amada. Seguidamente, con un bolígrafo rojo, anote todo cuanto desea de esa persona sin dejar ningún espacio en blanco. Coloque la vela en un lugar seguro y, después de esparcir sobre ella su perfume, atraviésela con dos alfileres en forma de cruz en el vértice y en la base. Eche las tres cucharadas de azúcar y enciéndala mientras dice la siguiente oración:

«Así como arde la llama, deseo que ardas de pasión por mí en cuerpo y mente».

Finalmente, deje que la vela se consuma y vuelva a verter un poco más de su perfume alrededor de la base. Realice este ritual un día de Luna llena.

La magia del azúcar para conseguir trabajo

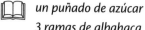

un puñado de azúcar
3 ramas de albahaca
3 ramas de romero
3 claveles blancos
3 litros de agua

Hierva en el agua, durante veinte minutos, la albahaca, el romero y los pétalos de los tres claveles. La noche de un viernes, dúchese como de costumbre. Al finalizar, úntese con el azúcar desde la cabeza a los pies. Compruebe que la temperatura de la cocción sea la óptima y, seguidamente, enjuáguese con ella mientras repite la siguiente oración:

«Por obra de los ángeles Rafael y Miguel, este agua me proveerá de todo bien, de toda salud y de todo bienestar. Te ruego, Señor, que por medio de tus intercesores y de este baño, el trabajo llegue a mí. Amén».

Limpieza de la casa con el azúcar caramelizado

3 puñados de azúcar
1 cuenco de metal con asas
3 carbones
1 cucharada de sal

Encienda los carbones. Coloque alrededor de ellos todos los ingredientes. Cuando el azúcar comience a dorarse, recorra las habitaciones de toda la casa esparciendo el humo y diciendo mentalmente la siguiente frase:

«Que toda la negatividad que se halle en esta habitación vuelva al universo y se diluya, tal como por obra del calor se derrite el azúcar».

La influencia del azúcar para que nunca falte dinero en el hogar

4 puñados de azúcar
16 monedas
4 velas verdes
1 cuenco hondo con más de la mitad de agua

Este ritual debe realizarse durante los cuatro primeros días de cada mes y siempre al mediodía. Elija un lugar tranquilo de la casa, ya que el ritual dura cuatro días. Forme un círculo con las monedas alrededor del cuenco y coloque detrás la vela, no justo en el centro, sino hacia la derecha. Encienda la vela y arroje los cuatro puñados de azúcar dentro del agua mientras piensa en los bienes materiales. Escoja las cuatro monedas que estén más cerca de la vela y arrójelas de una en una al agua, mientras pide a la Divina Providencia que nunca permita que le falte dinero en su hogar. Deje que la vela se consuma. Repita el ritual los tres días sucesivos.

(Es conveniente que antes de realizar este ritual limpie con azúcar su hogar de la siguiente manera: mezcle tres vasos de agua bendita con tres cucharadas colmadas de azúcar. Vierta unas gotas en cada esquina de su hogar mientras repite la siguiente oración:

«Así como Jesús nació en Belén y volvió a Jerusalén, haciendo que el mal saliera de su casa y de la casa de los hombres, por medio de tu infinito amor te pido, Señor, que alejes de mi casa el mal. Amén».)

El azúcar como protector de las visitas indeseadas

Si va a recibir visitas que no sean de su agrado, una fórmula infalible es la siguiente:

coloque en un florero tres claveles blancos, tres rojos y tres amarillos. En un vaso, mezcle nueve cucharadas de azúcar y una de canela en polvo hasta que todo se disuelva. Vierta esta preparación en el agua del florero.

Deberá realizar esta operación como mínimo tres días antes de la llegada de las personas que no desee ver. Es fundamental que cambie el agua y repita este ritual cada día después de las 22:00 horas.

El azúcar para alejar al amante de su pareja

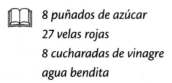

8 puñados de azúcar
27 velas rojas
8 cucharadas de vinagre
agua bendita

Este ritual debe realizarse siempre a partir de las 24:00 horas, preferentemente en martes y durante tres días seguidos. Separe las velas en tres grupos de nueve cada uno. En las primeras que haya apartado, escriba con una aguja el nombre y apellido del o la amante. (Tenga en cuenta que para ejecutar este ritual deberá ser muy consciente de que la persona a la que se refiere es la correcta.) En las del segundo grupo, anote el nombre de su marido o de su esposa y, finalmente, en el último, el de usted. Seguidamente, vierta el vinagre a las velas del primer grupo y colóquelas a su izquierda; agua bendita a las del segundo (al que ubicará a su derecha); y azúcar al tercero, al que colocará en el centro, frente a usted. Encienda sólo una de cada grupo mientras pronuncia las siguientes palabras:

«Guía que me proteges haz que (nombre del esposo o la esposa) se aleje definitivamente de (nombre del o la amante), por lo que yo (nombre de quien realiza el ritual) me someto a la Misericordia de Nuestro Señor Jesucristo. Amén».

A continuación, siga encendiendo el resto de las velas, siempre una de cada grupo. Observe cómo son las llamas, ya que ellas le dirán también la evolución de dicha relación.

Si la llama es oscilante, puede existir cierta intranquilidad o indecisión en alguna de las partes, con lo que vuelva a realizar el ritual durante tres días sucesivos. Si es débil, puede referirse a un caso de rápido abandono, con lo que deberá continuar el ritual un total de tres días. Si se le apagan, enciéndalas rápidamente, ya que eso indica que la fuerza que los atrae es muy poderosa, con lo que no deje de repetir esta operación durante nueve días consecutivos. No olvide que deberá dejar que las velas se consuman por sí solas.[2]

---

2. Para más información sobre las llamas y los rituales con velas, aconsejamos el libro de Hanna Giménez *El lenguaje de las velas*, Ediciones Obelisco.

LA CANELA

Si bien en la actualidad esta especie es muy importante en la farmacopea china, además del uso culinario por el que se conoce en la mayoría de los países, en algunos grupos y culturas (como, por ejemplo, los taoístas), se utiliza como una herramienta de purificación del cuerpo. En ciertas culturas, aún hoy se cree que su poder estriba, sobre todo, en ayudar a la inmortalidad. Desde el punto de vista mágico, la canela está directamente vinculada al poder de la Luna por su receptividad femenina y su poder para engendrar situaciones.

Defina la fecha de su boda con ayuda de la canela

1 frasco de vidrio neutro (de venta en las farmacias)
1 papel rojo de forma rectangular de 7 x 3 cm
3 cucharaditas de canela
1 cucharadita de azúcar

En Luna creciente, escriba sobre el papel su nombre junto con el apellido de su amado o amada. Introdúzcalo en el frasco con el resto de los ingredientes. Entiérrelo en una maceta. Si a los veintiún días su deseo no se ha cumplido, introduzca más canela.

El embrujo de la canela para quienes quieren contraer matrimonio

3 ramas de canela
21 azahares de boda

7 pétalos de rosas rojas
5 litros de agua

A las 21:00 horas del día 31 de diciembre, hierva la canela, los azahares y los pétalos de rosas en la cantidad de agua indicada. Báñese con cualquier jabón neutro y enjuáguese con esa agua mientras imagina su boda del modo más exagerado que le sea posible. Recuerde que cuanto mayor sea el poder de la imaginación, más energía creadora se emitirá al cosmos para que los deseos se cumplan.

Seguidamente, rece su oración predilecta a su ángel de la guarda mientras deja que su cuerpo se seque por sí solo. El día 7 del nuevo año, puede que ya tenga alguna sorpresa interesante.

Cómo limpiar el hogar de traiciones amorosas con la canela

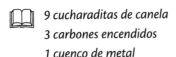
9 cucharaditas de canela
3 carbones encendidos
1 cuenco de metal

Coloque en el cuenco los carbones y enciéndalos. Derrame sobre ellos la canela y recorra su casa con este limpiador energético casero mientras repite la siguiente oración:

«Por el poder de ésta, y por la voluntad de la Divina Providencia, nunca nadie envidiará ni jamás robará el amor que existe en esta casa. Así sea».

Este ritual deberá realizarlo siempre en martes y, de ser posible, entre las 24:00 y las 2:00 horas.

EL AJO

Al igual que, en algunos casos, la sal actúa como protector —o el vinagre como distanciador—, se ha comprobado que el ajo es un importantísimo erradicador de malas energías y un valioso purificador. Se sabe que ya los magos anteriores a la Edad Media lo recomendaban en alguna de sus fórmulas. He aquí la más famosa de ellas:

Cómo vencer la indecisión del hombre o la mujer que usted ama por medio del ajo

1 cabeza de ajo
1 vela roja
tinta china roja
un cuadrado de papel blanco de 7 x 3 cm
1 cinta roja

Este ritual debe realizarlo un sábado, siempre a las 22:00 horas y durante tres sábados seguidos. En primer lugar, debe encender la vela y pedir a su guía espiritual o ángel de la guarda que proteja sus intenciones. Seguidamente, corte el ajo por la mitad con la ayuda de un cuchillo. Escriba, con la tinta roja sobre el papel, el nombre del amado, pero al revés; por ejemplo, si la persona en cuestión se llama Carlos, escribirá sobre el papel «solraC», y sobre éste, colocará las dos mitades del ajo. Rodee todos los elementos con la cinta. Dibuje en el aire la señal de la cruz tres veces mientras repite:

«Por las virtudes de este ajo (nombre de la persona amada) quedas ligado para siempre a (nombre de quien realiza el ritual), sin que nadie pueda jamás separarnos».

Pida nuevamente a su guía o ángel que bendiga el ritual. Coloque el papel entre ambas partes del ajo y átelo con la cinta roja. Finalmente, entiérrelo en una maceta de su casa. No olvide que debe dejar que la vela se consuma. Antes de veintiún días obtendrá la respuesta.

Método antiguo para ahuyentar las malas energías de su casa

En muchas culturas latinoamericanas es costumbre colgar una ristra de ajos detrás de la puerta de entrada de la casa durante veintiún días. En ella debe haber, como mínimo, quince cabezas de ajos. En el extremo superior, ate una cinta roja y pase por ella tres alfileres. Y en el extremo inferior, una cinta amarilla con siete alfileres atravesados. Sepa que estos ajos nunca los podrá utilizar en la cocina como alimento, ya que han trabajado con toda la influencia negativa del ambiente. Podrá ver a través de ellos qué había en su casa si los observa detenidamente. He aquí las pautas que deberá tener en cuenta.

Secos: hay aún mucha energía negativa en el ambiente. Repita la operación al cabo de una semana.

Huecos: ya no quedan malas vibraciones en su casa. Los ajos han acabado con ellas.

Pierden volumen: las malas vibraciones entran y salen de su hogar con mucha facilidad. La próxima vez, cuelgue una ristra de ajos a cada lado de la puerta y encienda una vela blanca cada sábado del mes.

Fórmula secreta de los ajos contra la mala suerte

📖 3 *cabezas de ajo*
1 herradura
1 vela blanca
1 bolsita roja de tela
unas gotas de su perfume

Realice este ritual a las 3:00 horas en Luna creciente. Vierta su perfume sobre la vela y enciéndala. Coloque la herradura con la abertura hacia abajo, y los dientes de ajo alrededor de la base de la vela. Deje que la vela se consuma. Introduzca los restos de la cera y los ajos en la bolsita y añada unas gotas más de su perfume. Duerma con ella debajo de la almohada durante siete días consecutivos.

El ajo acaba con la infidelidad

📖 *1 ajo mediano*
3 m de cinta negra y tres de cinta blanca
3 tintas chinas azules
3 pétalos de tres rosas blancas
un puñado de romero
un puñado de salvia
1 cuchillo de acero

Este ritual sólo debe realizarse en Luna nueva. Con el cuchillo de acero, corte el ajo en dos partes iguales. Escriba con tinta china su nombre y el apellido de su amado —o a la inversa si quien realiza el ritual es un hombre– sobre los pétalos. Colóquelos en el centro de ambas partes, junto con la salvia y el romero. Seguidamente, una el ajo con la cinta blanca primero y, después, con la negra. Cuando ya haya quedado todo bien cerrado, fíjelo con un alfiler. Coloque este amuleto en el lugar más alto de la casa y déjelo allí durante veinte días. Este hechizo es infalible contra la infidelidad, se lo aseguro.

Receta antigua para atraer la prosperidad

 9 cabezas de ajos
un puñado de sal
un puñado de perejil
un puñado de albahaca
1 manojo de hierbabuena
9 litros de agua

Hierva todos los ingredientes durante por lo menos tres horas. Una vez fría, vierta la preparación en un recipiente de plástico y colóquelo debajo de su cama. Deberá dejarlo allí durante tres noches seguidas. Al cuarto día, agréguele tres puñados de sal y déjelo a la luz de la Luna. Después, deseche la preparación lejos de su casa, a ser posible en un lugar donde haya árboles.

(También puede preparar esta agua mágica para fregar los suelos de su casa o de su negocio. En este caso, es preferible realizar la «limpieza» en sábado por la noche entre las 23:00 y las 24:00 horas.)

EL ACEITE

Símbolo de la prosperidad, de las bendiciones de Dios y de la fraternidad, desde tiempos muy antiguos se ha empleado con distintos fines mágicos y como encantamiento. Tal vez haya sido el poder de su consistencia lo que ha llevado a los magos a utilizarlo como un elemento «vinculante» indispensable para los ritos de fertilidad, sexualidad y fuerza personal. De todas formas, y a pesar de que han sido muchas las recetas que se han recopilado para este libro, sólo le ofrecemos aquella cuyos resultados garantizamos plenamente.

La magia del aceite para recuperar a la persona amada

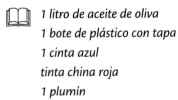
1 litro de aceite de oliva
1 bote de plástico con tapa
1 cinta azul
tinta china roja
1 plumín
1 vela blanca

Este hechizo deberá hacerlo en martes, siempre antes de las 20:00 horas y sólo una vez al mes. Encienda la vela. Escriba, con la tinta roja en la cinta, su nombre y el de la persona amada –éste al revés, tal como se ha explicado. Póngala, junto con el aceite, en el bote de plástico. Tápelo y, al mismo tiempo que deja caer cuatro gotas de cera derretida en forma de cruz sobre la tapa, repita las siguientes palabras:

«Así como el aceite se derrama hacia los cuatro puntos cardinales, deja, ¡oh Señor!, que el amor de (nombre de la persona que se desea recuperar) sólo sea para mí. Por eso queda sellado en el nombre del Padre, del Hijo y del Espíritu Santo. Amén».

Repita esto tres veces. Seguidamente, reserve el bote durante tres semanas, al cabo de las cuales deberá enterrarlo en una maceta o en su jardín.

EL VINAGRE

El vinagre es uno de los ingredientes caseros más poderosos para separar las buenas de las malas energías. Desde enjuagar la ropa, fregar los suelos o alejar a personas indeseables, su poder es casi indestructible. Una conocida maga dijo en cierta ocasión: «Si la gente supiera cómo puede ser su aliado el vinagre, quizás dejaría de preocuparse, por mal que le fueran las cosas».

No permita que lo envidien

Coloque, en cuatro estratégicas esquinas de su hogar, un vaso pequeño con vinagre durante siete días. Al octavo, eche a cada uno un puñado de sal y, el noveno y el décimo un poco más de vinagre. Una vez transcurridos los diez días, deseche todo el líquido por el baño, encienda una vela blanca y comience una novena a san Andrés. Comprobará los resultados de inmediato. No se alarme si alguien que solía ir mucho a su casa deja de aparecer de repente.

Descargue su ropa

Si las cosas desde hace un tiempo no van del todo bien, puede que, aunque la «mala racha» haya pasado, su ropa esté aún cargada de vibraciones negativas. Después del lavado normal, déjelas en remojo durante una hora en una proporción de siete litros de agua por uno de vinagre. No enjuague las prendas. Eso si, cuélguelas del revés y siempre con las aberturas hacia arriba.

El vinagre rompe hechizos

300 cm³ de vinagre
300 cm³ de leche fría
1 frasco encontrado en la calle

Este ritual es muy delicado. Debe asegurarse de que la situación sea producto de un hechizo, ya que, de lo contrario, podrá perjudicarse usted mismo.

Vierta el vinagre en el frasco (sin lavar) y advierta o imagine cómo los hechizos o «trabajos» de los que pudo ser víctima se rompen en mil pedazos. Después, agregue la leche fría y repita mentalmente: «Así como la leche jamás podrá unirse a la acción del vinagre, así nunca más seré víctima de las malas influencias, los hechizos, los "trabajos" o las envidias». Cierre el frasco y rece tres padrenuestros mientras dibuja en el aire y sobre su cabeza tres círculos. Uno grande, uno mediano y otro pequeño. Seguidamente, deje el frasco al sol durante tres días. Al cuarto día, entiérrelo lo más lejos posible de su casa donde le dé el sol.

LA MIEL

De todos los ingredientes que posiblemente tenga al alcance de la mano, quizás sea la miel –junto con el azúcar– el más apto para lograr uniones amorosas a nivel mágico.

Usada desde hace muchos siglos –en las Escrituras se la nombra más de sesenta veces, con lo que puede deducirse que resultaba abundante en la Palestina de los tiempos bíblicos–, siempre se ha tenido en cuenta su irresistible poder para agradar o deleitar, con una dulzura peligrosamente seductora, como se puede observar en el *Cantar de los Cantares*.

> Miel destilan tus labios, oh esposa,
> miel y leche debajo tu lengua...
> Entré en mi jardín,
> hermana mía, esposa,
> a coger de mi mirra y de mi bálsamo,
> a comer de mi miel y mi panal,
> a beber de mi vino y de mi leche
>
> (4,11; 5.1)

En oposición a la amargura de la hiel, se asocia –como se ha visto– a la leche y, por tanto, a la fecundidad. También es el principal símbolo de alimento para los santos y los sabios y, para los magos, un importante protector, seguramente desde la época en que los atenienses la usaban para calmar a la Gran Serpiente. Éstas son algunas de las más dulces y antiguas recetas.

Antigua receta para conquistar al ser amado

3 cucharadas de miel de abejas
9 pétalos de jazmín
1 vela blanca
1 vela roja
1 bolsita de tela azul
1 aguja de coser nueva

Este ritual debe iniciarlo siempre en miércoles y proseguir durante tres días.

Escriba el nombre de su amado con la aguja sobre la vela roja, y sobre la vela blanca el suyo. Después, coloque ambas velas sobre los pétalos de jazmín y úntelas con miel de la siguiente manera: utilice una cucharada para los pétalos, una para la vela blanca y una para la roja. Enciéndalas y repita en voz alta:

«El espíritu, el cuerpo y el alma de (nombre de la persona a la que se dedique el ritual) me pertenecen desde ahora, y por medio de este ritual quedamos unidos para siempre».

Rece una oración a su ángel de la guarda. Deje que la vela se consuma y, por último, guarde todo en la bolsita (incluso la miel). Como deberá practicarlo durante tres días, entierre la primera bolsita en una maceta; la segunda, en un lugar cercano al agua, quizás un pozo, el mar o una laguna; y, finalmente, la tercera, lo más cerca posible de la casa de su amado. En veintiún días verá los resultados.

La miel y la canela para mejorar su vida

1 vela blanca
1 vela azul
1 vela verde
3 cucharaditas de canela
1/4 de litro de miel pura
romero, el necesario
1 aguja a estrenar

A las 17:00 horas de un día de Luna creciente, comience a anotar sobre la vela blanca sus deseos en general. Sobre la vela azul, aquellos relacionados con las relaciones afectivas; y, sobre la vela verde, sus deseos materiales. Seguidamente, úntelas con la miel y espolvoree sobre ellas la canela y el romero, siempre en el orden indicado. Después, colóquelas siguiendo la forma de un triángulo, cuyo vértice superior será la vela blanca; el izquierdo, la vela azul; y, el derecho, la vela verde. Enciéndalas y rece tres padrenuestros. Verá los formidables resultados al cabo de once días. (Si no se produce ningún efecto, «limpie» su casa con la receta de la sal o el vinagre y espere hasta la próxima Luna creciente para realizarlo nuevamente.)

El baño de miel que promueve la fidelidad
(Esta receta data del siglo XI)

1 litro de miel pura
9 litros de agua
3 litros de agua bendita

7 gotas de su perfume
agua de rosas, la necesaria

Este ritual sólo puede realizarse el día de Nochebuena, es decir, el 24 de diciembre, y sólo a partir de las 15:00 horas. Hierva durante 5 minutos el agua con la miel. Apague el fuego y añada el agua bendita y su perfume. Deje que se temple. Báñese como siempre, pero con jabón neutro. Seguidamente, vierta la preparación sobre su cuerpo mientras siente la dulzura que es capaz de dar y recibir. Finalmente, enjuáguese como de costumbre y vierta sobre su persona un poco de agua de rosas.

LA PIMIENTA

Si bien siempre ha sido una de las especias más codiciadas, fueron en su mayor parte los hechiceros quienes demostraron en más de una ocasión sus virtudes mágicas.

La pimienta evita los daños en su hogar

 cazos pequeños (según el número de ventanas que tenga en su hogar)
pimienta molida (la necesaria)
1 vela blanca
1 vela verde
1 vela amarilla
3 monedas
1 lazo azul
1 lazo amarillo

Este ritual puede realizarlo siempre que lo desee, pero siempre a la salida del sol, a primera hora.

Espolvoree primero la pimienta a lo largo de las puertas, siempre hacia dentro. Después, distribuya la pimienta restante en los pequeños cazos, que deberá colocar en cada una de las ventanas de su casa. Seguidamente, coloque en el comedor la vela blanca y, junto a ella, las monedas. En la cocina, coloque la vela verde, a la que deberá atar el lazo azul; y, finalmente, la vela amarilla con el lazo amarillo en su dormitorio. A medida que las vaya encendiendo –en el orden indicado–, repita las siguientes palabras:

«Por medio de estas velas, bautizo el poder de la pimienta para que proteja mi hogar. Si alguien intentara algún tipo de daño, recibirá de inmediato su castigo, ya que los espíritus que lo protegen desde ahora serán más poderosos y más fuertes». Rece tres avemarías y tres padrenuestros.

Pimienta para alejar a personas indeseables

9 granos de pimienta
1 guindilla
3 cucharadas de aceite de oliva virgen
papel de aluminio
una piedra encontrada en la calle

Mezcle los tres primeros ingredientes y unte la piedra con ellos. Seguidamente, envuélvala en el papel de aluminio. Dándole tres golpes con la palma de la mano en ambas caras, repita el siguiente conjuro (¡cuidado!, no debe equivocarse en ninguna palabra):

«En nombre de Miqueas, hijo de Imlá, profeta de los profetas, tú (nombre de la persona a la que se desea alejar) serás alejado/da de mí tal como fueron derrotados Acab y Josafat. Y nunca más me molestarás. Así sea».

Entiérrela en un lugar donde no incida el sol, lo más lejos posible de su casa. (Muchos magos aseguran que varias de las personas a las que se les DIRIGIÓ este trabajo incluso se han mudado a otra ciudad.)

Pimienta para la buena suerte

7 granos de pimienta
7 hojas de ruda macho
7 granos de sal gruesa
1 bolsita de tela roja pequeña

Introduzca todos los ingredientes en la bolsita. Ciérrela con un cordón rojo y déjela una noche a la luz de la Luna —a ser posible, creciente. Transcurrido este tiempo, duerma siete días con ella debajo de la almohada. A partir de entonces, llévela consigo en un lugar no visible, en la zona pectoral o en la cintura. (Nunca la lleve en el bolso, lejos de usted, ya que hará que se disperse su energía.)

EL TÉ

En Oriente, el té no es sólo un ritual, sino también un culto a la belleza. Según una creencia taoísta, el té surge de los párpados de Bodhidharma, que tras habérselos cortado, los arrojó lejos para evitar la somnolencia durante sus meditaciones. Quizás sea ésta la causa principal por la que los magos de todo el mundo han visto en él propiedades mágicas para lograr una vida más relajada y con más comodidades materiales.

Antigua fórmula para lograr más dinero

3 cucharadas de té
3 cucharadas de tomillo
una pizca de nuez moscada
3 carbones
1 cazo de metal con asas
1 cofrecito muy pequeño

Cuando los carbones estén encendidos, añada los tres ingredientes antes mencionados, que deberá mezclar con cualquier objeto de madera. Viértalos sobre los carbones encendidos y no lo mueva de ese sitio. Cuando todo se haya apagado, ponga los restos en el cofrecito pequeño y consérvelo en su habitación durante catorce días. Después, entiérrelo en una maceta en su casa. Este ritual siempre deberá iniciarlo en Luna creciente.

El hechizo del té para despertar el amor de la persona amada

3 tazas de té chino de rosas o manzanilla
14 velas blancas y 3 velas rojas
3 pétalos de una rosa roja
3 pétalos de jazmín
3 violetas

3 rectángulos de papel rojo
1 plato blanco

Este ritual deberá realizarlo durante tres viernes consecutivos. Como ya se ha explicado en otras recetas, deberá asegurarse de que realmente desea a esa persona a su lado de un modo duradero, ya que este hechizo es muy poderoso. A las 22:00 horas del viernes, coloque las velas rojas en forma de triángulo y enciéndalas. Seguidamente, rece la siguiente oración:

«Tal como Tamar sedujo a Judá, yo (diga su nombre en voz alta) te seduciré (pronuncie el nombre de la persona a quien desea conquistar) a partir de este momento con sólo mi mirada, mi voz, mis aromas y mi tacto, del que no podrás desprenderte jamás».

Seguidamente, envuelva las flores en el papel rojo de modo que quede una figura rectangular. Tome tres sorbos de té y encienda los tres vértices del rectángulo con cada una de las tres velas (usted lo sostiene de un cuarto vértice).

Colóquelo sobre el plato y, mientras se concentra en la persona a quien va dirigido el «trabajo», vuelva a tomar tres sorbos de té. Deje que las velas se consuman. Mientras dura el ritual (tres viernes), tome en ayunas los días restantes tres sorbos de té y encienda una vela blanca.

Limpieza contra hechizos con té

té de boldo
infusión de manzanilla
jugo de apio
azúcar al gusto

Si ha recibido un hechizo mediante la ingestión de algún alimento, prepare el té de boldo y la manzanilla conjuntamente. Agregue luego el jugo del apio (un vaso) y el azúcar. Tómelo en ayunas durante siete días. A partir del cuarto día, puede darse un baño, al que agregará un puñado de sal gruesa.

EL VINO

Todas las religiones han utilizado el vino desde tiempos remotos, del mismo modo que muchos magos vieron en él poderes indescriptibles. La primera mención que se hace de esta bebida aparece en la Biblia y se remonta a Noé (Gén. 9; 2). Sin embargo, tanto a los sacerdotes judíos como a los recibitas y a los nazarenos les estaba prohibido consumirlo por sus virtudes poco claras. Cabe destacar que, para la magia, el vino representa en sí mismo muchas cualidades relacionadas con las invocaciones a determinados seres de luz. Los resultados, tal como se ha comprobado a lo largo de los siglos, son más que óptimos.

Solicitudes de amor a San Antonio

1 litro de vino de misa
1 estampa de san Antonio
1 cazo transparente para poner en el fuego con tapa
1/2 litro de aceite de oliva
1 cruz de plata
9 m de hilo de seda rojo
21 velas blancas o amarillas
unas gotas de su perfume (el que usa habitualmente)

1 pétalo de rosa amarilla en el que estará escrito su nombre
1 pétalo de jazmín o girasol en el que estará escrito el nombre de la persona amada
cerillas de madera

Antes de realizar este ritual, debe tener la total seguridad de que la persona elegida es la correcta, ya que, según aseguran los mejores magos, quedará unida a usted para siempre. Realice este hechizo mágico el primer día de la Luna en su fase creciente, entre las 22:00 y las 23:00 horas.

En primer lugar, cubra la imagen de san Antonio con los pétalos de las flores indicadas y únalas con tres vueltas del hilo en forma de cruz. Seguidamente, coloque la cruz de plata y una todo con veintiuna vueltas (el hilo restante no se debe cortar). En el cazo, vierta el aceite y el vino y enciéndalo con la cerilla de madera (si es necesario, agregue también unas gotas de alcohol). Mientras la preparación se calienta, rece la oración a san Antonio moviendo en forma de cruz el amuleto mágico sobre el vapor del vino. De este modo, ya habrá «bautizado» el «amarre» (así se denominan estos lazos amorosos a través del hilo y las fotografías). Cuando la preparación haya hervido, mientras dibuja una cruz vertical en el aire, pronuncie las siguientes palabras:

«Por la Sabiduría Suprema y el poder de la Divina Providencia, a partir de hoy quedas definitivamente ligado a mí en alma, mente y cuerpo». Rece tres avemarías y un padrenuestro.

Apague el fuego con la tapa y encienda la vela. Observe detenidamente cómo es su llama. Si existe inseguridad o indecisión, continúe el trabajo durante veintiún días más. Si, por el contrario, ve que la llama es fuerte y transparente, realícelo durante nueve días.

Corte las malas vibraciones de su hogar con vino

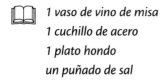
1 vaso de vino de misa
1 cuchillo de acero
1 plato hondo
un puñado de sal

Este ritual debe realizarse siempre en viernes por la mañana. Vierta el vino en el plato. Con el cuchillo, realice un corte en cruz sobre él. Rece un avemaría. Vuelva a cortar otra vez. Rece un padrenuestro. Corte por última vez y diga en voz alta:

«Por obra de la Divina Providencia y por los seres de luz que me acompañan, acabo con todas y cada una de las malas vibraciones de esta casa. Amén».

Seguidamente, arroje sobre el plato un puñado de sal y tire todo por el baño.

LA CEBOLLA

Las virtudes mágicas de la cebolla se han aplicado desde siempre a fin de «atar» relaciones o para todo lo que implique cierto crecimiento. Según los grandes magos, estas recetas nunca se deben utilizar para otros, sólo puede hacerlo para usted mismo, ya que la magia o los hechizos con ella son excesivamente poderosos.

La magia de la cebolla para hacer crecer el cabello

(Receta de una bruja indígena neuquina)

En una maceta —o en su jardín, si lo tiene—, plante una cebolla cabeza arriba y siete cebollas más pequeñas cabeza abajo alrededor de ésta. Riéguelas para que broten. A los tres días, comience una novena al santo que sea de su devoción. Cuando los brotes alcancen una longitud de 5 centímetros, córtelos con un cuchillo de acero, al que habrá dejado previamente a la luz de la Luna. Hierva los brotes en un litro de agua y, posteriormente, cuele el líquido resultante. Durante tres días deberá masajear su cuero cabelludo con esta preparación, siempre por las mañanas y antes del mediodía. Los resultados son espectaculares.

Únase a quien desea

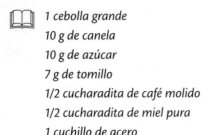

1 cebolla grande
10 g de canela
10 g de azúcar
7 g de tomillo
1/2 cucharadita de café molido
1/2 cucharadita de miel pura
1 cuchillo de acero

Corte la cebolla por la mitad, pero no totalmente. Ponga dentro la miel y el tomillo. Entiérrela en una maceta en su hogar y añada la canela y el azúcar antes de taparla con tierra. Riéguela y deje que crezcan los brotes. Al cabo de tres meses, retírela y entiérrela en un lugar amplio donde incida el sol, y añada la tierra de su maceta.

Este ritual es más beneficioso si lo hace con vientos provenientes del sur. Nunca lo repita más de dos veces el mismo mes.

Antigua receta para activar el propio poder

1 cebolla mediana
1 prenda que haya usado durante siete días
1 herradura
1 vela verde
1 vela azul
1 vela rosa
1 vela blanca
10 clavos de acero finos, pero largos
un poco de agua bendita

Realice este ritual un viernes a las 19:00 horas. Coloque la vela verde y la azul a su izquierda, y la vela blanca y la rosa a su derecha. Corte la cebolla por la mitad. El trozo de la izquierda representa su intuición y el de la derecha su poder mental. Junte las dos velas de la izquierda y apoye sobre ellas la base de la media cebolla, sujetándola con cinco clavos. Haga lo mismo con las velas de la derecha y la otra media cebolla. Encienda las velas y repita la siguiente oración:

«Tú, Señor, el más grande entre los grandes, deja caer sobre mí Tú poder, y que como un rayo de luz me penetre, tanto para desarrollar mi intuición como mi poder. Haz que mi espíritu, animado por tu divina voluntad, venza sobre los obstáculos. Amén».

Enjuague sus manos con el agua bendita y deje que las velas se consuman. Cuando todo se haya apagado, envuelva los restos en la prenda y derrame un poco del agua bendita. Entierre la prenda en una maceta en su hogar.

Es aconsejable que ese día vista prendas blancas hasta pasada la medianoche.

La albahaca

Desde épocas muy tempranas se ha creído que esta planta albergaba en sus hojas un gran poder mágico. En la actualidad, en ciertas zonas del Congo, todavía se utiliza como herramienta primordial para conjurar los malos espíritus o para potenciar la cicatrización.

Renueve las energías positivas en su hogar

1 ramillete de albahaca fresca
9 cabezas de ajo
9 hojas de apio
9 hojas de menta
9 granos de sal gruesa
9 litros de agua
un poco de agua bendita
1 cazo grande para hervir la preparación

Cuando realice este ritual, durante dos días seguidos, procure no salir de su casa. Lo mejor es realizarlo en Luna menguante o con vientos del oeste, pero siempre a las 7:00 horas.

Hierva en el agua todos los ingredientes durante 30 minutos. Cuélelos y, con el líquido resultante, friegue el suelo de su casa. Si desea un trabajo más profundo, encienda una vela azul.

Un perfume afrodisíaco

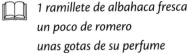
1 ramillete de albahaca fresca
un poco de romero
unas gotas de su perfume
jugo de media naranja
una pizca de canela en polvo
1 jazmín
3 vasos llenos de agua

Este ritual lo debe practicar sólo en viernes. Lleve a ebullición el agua, la albahaca, el romero, el jugo de media naranja, la canela y el jazmín durante quince minutos. Mientras hierve la preparación, repita las siguientes palabras:

«Por las bendiciones de san Antonio y san Andrés, por el amor y la felicidad, así sea».

Cuando la mezcla esté templada, cuélela y añada unas gotas de su perfume. Conserve un poco de este líquido en una botella de vidrio neutro y, con el resto, riegue su planta predilecta. Esta loción personal deberá usarla durante nueve días.

Limpieza de su comercio

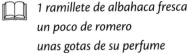
1 ramillete de albahaca fresca
7 dientes de ajo
1 manojo de romero
un poco de tomillo

un poco de salvia
raíz de mandrágora
7 hojas de ruda
7 hojas de menta
un puñado de orégano
7 hojas de perejil
un puñado de sal gruesa
10 litros de agua

Hierva todos los ingredientes durante tres horas. Cuando esté fría, retire de la preparación el manojo de romero y de albahaca con un poco del líquido. Deberá verterlo en un cazo en su habitación, durante tres días, con el fin de «limpiarse» también usted. Cuele la preparación y distribuya siete cucharadas de este líquido en los lugares más estratégicos de su negocio durante nueve días seguidos. Comience siempre este ritual con Luna creciente.

LA MOSTAZA

A lo largo de varios siglos, los granos de mostaza se usaron en magia para «aumentar», «dar plenitud» e incentivar el «poder de aligerar». Su capacidad de crecimiento rápido, tanto en forma silvestre como en un jardín, ha servido a Nuestro Señor para describir el poder del Reino de Dios y el de la fe.

«Porque en verdad os digo: Que si tuvierais fe como un grano de mostaza, diríais a esta montaña: "Pásate de aquí, allá" y se pasaría, y no habría para vosotros cosa imposible» (Mt. 17; 20.21).

Aumente el amor de su pareja

27 velas rojas
1/4 kg de mostaza en grano
7 cucharadas de miel pura
7 gotas de su perfume

Este hechizo mágico se tiene que realizar con vientos procedentes del sur y siempre durante las primeras dos horas de la salida del sol. Deberá hacerlo durante nueve días seguidos.

Escoja tres velas y úntelas primero con la miel, después con la mostaza, y, finalmente, agregue unas gotas de su perfume. Colóquelas en posición triangular invertida, de modo que el vértice del triángulo quede más cerca de usted y la base más alejada. Enciéndalas y repita el siguiente conjuro de memoria y en voz alta:

«Por medio de estas velas untadas con mi dulzura (la miel), mi pasión (la mostaza) y mi pensamiento (el perfume), yo (diga su nombre) aumentaré en ti el amor que por mí sientes tantas veces como segundos transcurran hasta que estas velas se consuman. Así sea».

Introduzca en una bolsita de satén los restos de cada día y entiérrelos en un lugar soleado. Notará cómo aumenta el amor de su pareja después de transcurridos los dieciocho días restantes.

Fórmula de la mostaza para atraer el dinero
(Dado que conocemos tres fórmulas de excelentes resultados, hemos decidido proporcionar las tres a los lectores.)

1.ª fórmula

3 cucharadas colmadas de mostaza en grano
el zumo de una naranja (sin pepitas)
1 diente de ajo
1/2 litro de gel de baño neutro

Este ritual se puede practicar cuando se desee. Mezcle al gel, la mostaza, el zumo y el diente de ajo bien majado. Lávese las manos cada mañana durante siete días, mientras repite el siguiente conjuro: «Por Selene, por Selene con el ajo, alejo la mala suerte, por Selene, por Selene, con la mostaza aumento mi caudal, por Selene, por Selene, por la naranja mantengo y mantendré mis bienes».

2.ª fórmula

mostaza en grano, la necesaria
4 cazos de barro
1/2 litro de agua bendita
un poco de tierra del bosque

Este ritual es muy simple, pero recuerde que deberá realizarlo el primer lunes del mes. Ponga, en cada cazo, un poco de tierra; luego, un puñado de mostaza, y, finalmente, otro poco de tierra. Colóquelos en los cuatro puntos cardinales de su casa y déjelos allí durante treinta y cinco días. Transcurrido este tiempo, reúna todo el material de los cazos en una maceta, riéguela con el agua bendita, y déjela a la luz del sol durante siete días.

2 cintas blancas
1 cinta morada
1 cinta amarilla
1 cinta azul
l/4 kg de mostaza en grano
1 herradura mediana
pegamento

Este ritual debe hacerse siempre en Luna creciente y antes de las 15:00 horas. En las cintas blancas, dibuje una cruz con el pegamento y adhiera los granos de mostaza. En la cinta morada, dibuje un círculo y realice la operación del pegamento tal como se ha indicado. Del mismo modo, en la cinta amarilla, dibuje un triángulo, y en la azul un rectángulo. Cuando esté seco, después de trenzar la cinta morada, la cinta amarilla y la cinta azul, páselas por los agujeros de la herradura y átela en los extremos con la cinta blanca. Coloque este poderoso amuleto debajo de su cama. Déjelo allí durante cuatro cambios lunares.

«Límpiese» las malas energías con un amuleto de mostaza

1 bolsita de seda rosa de 17 cm de longitud
200 g de mostaza en grano
una pizca de romero
una pizca de salvia
3 granos de café
una pizca de anís en grano

Este amuleto se tiene que realizar en Luna nueva a medianoche. Introduzca todos los ingredientes en la bolsita y cósala en el interior de su almohada, preferentemente con hilo de seda rosa. Duerma con este infalible amuleto durante treinta y cinco días. A partir del noveno día, observará notables resultados.

EL MAÍZ

Tanto en las culturas maya como azteca, entre otras, el maíz ha servido para expresar el poder del Sol, del mundo y, a su vez, del hombre. En el *Popol Vuh*, el ser humano fue creado después de tres pruebas: el primero fue destruido por una inundación; el segundo, realizado en madera, se disolvió como consecuencia de una gran lluvia; y, por último, el tercero, que se corresponde con los orígenes de toda la humanidad, perduró al ser creado con maíz. Es ésta la causa fundamental por la cual se considera un poderoso ingrediente de prosperidad.

Conjuro con maíz para casarse

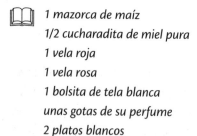

1 mazorca de maíz
1/2 cucharadita de miel pura
1 vela roja
1 vela rosa
1 bolsita de tela blanca
unas gotas de su perfume
2 platos blancos

Este ritual debe realizarse siempre en Luna creciente. Extraiga de la mazorca nueve granos de maíz con la mano derecha y colóquelos en el primer plato. Seguidamente, haga lo mismo con la mano izquierda y ponga los granos en el segundo plato. Junto al primer grupo, coloque la vela roja, previamente untada con un poco de miel, y enciéndala. Haga lo mismo con la vela rosa en el segundo grupo. Mientras las velas se consumen, invoque a su guía espiritual y repita nueve veces la siguiente oración:

«Por la Misericordia de la Divina Providencia, que estos granos de maíz que representan a (diga los nombres de las personas a las que se desea unir) se unan en una misma mazorca de amor como lo estuvieron en otras vidas anteriores a ésta. En el nombre del Padre, del Hijo y del Espíritu Santo. Amén».

Seguidamente, vierta unas gotas del perfume y deje que las velas se consuman. Introduzca los restos de la cera, junto con los granos de maíz, en la bolsita durante veintiún días.

Lea su vida en los granos de maíz
(Receta secreta de una famosa bruja de Guatemala)

> ¼ litro de aceite de oliva virgen
> 12 granos de maíz secos
> canela en polvo
> un cazo de metal

Realice este ritual en sábado. Caliente el aceite en el cazo durante cuatro minutos. Apague el fuego y arroje –cuidadosamente– los cuatro granos en el aceite, que representan su físico y su salud. Observe cómo se comportan. (Si se dan la vuelta, le avisan de una situación de fatiga; si sólo se queman pero no se mueven, indican una situación de paz, y, si se dispersan, muestran conflicto.) Haga lo mismo con otros cuatro granos, que representarán su mente y sus pensamientos. Una vez que los haya leído, arroje los cuatro últimos, que simbolizan sus emociones. Cuando concluya este proceso, rece tres padrenuestros. Finalmente, espolvoree la canela, ya que actuará como purificador.

EL LIMÓN

Para todo tipo de averiguaciones, el limón constituye la herramienta ideal. Considerado el símbolo de un punto fijo alrededor del cual se mueven las energías del hombre, varios magos lo han recomendado para muchos usos. Aquí sólo mencionaremos las recetas más famosas por sus resultados cotejables.

Sepa si le han hecho algún daño

 4 limones no demasiado cortados en cruz
1 plato grande blanco
4 cucharadas de azúcar

Coloque en el plato los cuatro limones cortados y espolvoree sobre cada uno de ellos una cucharada de azúcar. Deje el plato durante tres días en su mesilla de noche. Si liberan algo similar a un almíbar con burbujas, es que le han hecho un «trabajo» para que le vaya mal a nivel financiero. Si han adquirido un tono marrón o negro, ha recibido un fuerte hechizo en todos los aspectos. Si conservan el mismo color y textura, no habrá recibido malas vibraciones de ningún tipo. Una vez transcurrido el tiempo indicado, échelos a la basura y, si es necesario, utilice una de las recetas de «limpieza» personal.

Limpie su vehículo de malas influencias

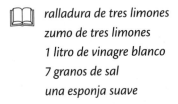

ralladura de tres limones
zumo de tres limones
1 litro de vinagre blanco
7 granos de sal
una esponja suave

Realice siempre este ritual en viernes entre las 22:00 y las 24:00 horas. Hierva la ralladura y el zumo en el vinagre durante 20 minutos. Cuele la preparación y, con una esponja, pase el líquido por su vehículo de la siguiente manera: por dentro, primero el lado izquierdo y luego el derecho; y, por fuera, a la inversa. Puede repetir el ritual —si lo cree necesario— los viernes restantes del mes.

EL ROMERO

Asociado desde siempre a la memoria, el romero es una de las hierbas aromáticas más utilizadas en brujería. Su fin no es otro que aumentar el amor y la pasión, sin dejar de tener en cuenta que resulta fundamental para exorcizar cualquier tipo de energía negativa. También resulta esencial para derribar muros vibracionales entre las personas.

Prospere económicamente

3 *ramas de romero fresco*
3 *granos de sal*
1 *vela amarilla*
3 *cucharaditas de mostaza en grano*
1 *cazo de barro*
3 *puñados de tierra de bosque*

Realice este ritual en Luna creciente a las 12:00 horas. Introduzca en el cazo los ingredientes tal como se indica a continuación: un grano de sal, un puñado de tierra, una cucharadita de mostaza, una rama de romero, y así sucesivamente. Coloque la preparación detrás de la vela amarilla y enciéndala. Mientras la vela se consume, diga las siguientes palabras:

«Que este cazo de la fortuna traiga las riquezas de la tierra a mis manos, se lleve las malas influencias y atraiga la prosperidad».

Rece tres avemarías y tres padrenuestros.

Atraiga sexualmente a la persona amada

7 *cucharadas de romero seco*
3 *carbones encendidos*
1 *cazo con asas*

Comience este ritual con viento del sur y, a ser posible, antes de las 15:00 horas. Debe practicarlo durante nueve días. Sobre los carbones, arroje el romero mientras comienza una novena a san Antonio con la siguiente oración:

«San Antonio bendito, permite que (nombre de la persona amada) viva junto a mí por el resto de mis días y de sus días. Por la pasión de mi cuerpo, por la pasión de mi mente, por la pasión de mi espíritu. Amén».

LOS HUEVOS

Asociados a los orígenes, al Huevo Cósmico, representan el poder de la luz y la renovación periódica de la naturaleza, el hogar y la madre. Tanto los griegos como los celtas, los egipcios, los fenicios, los cananeos, los chinos y los tibetanos, entre otros, ven en él la génesis del mundo. También adquiere connotaciones de germen espiritual y de prosperidad material en ciertas comunidades de Laos.

Aumente su magia personal
(Receta oriental)

3 huevos
pintura roja
pintura azul
pintura amarilla

Este hechizo debe realizarse en Luna llena. Pinte los huevos —uno de cada color. Coloque el rojo en su habitación; el amarillo, en la sala; y, por último, el azul, en el baño. Póngalos cuidadosamente de modo que no se rompan. Verá cómo paulatinamente la gente comenzará a advertir en su persona un brillo particular. Cambie los huevos en la próxima Luna llena.

El lenguaje de los huevos

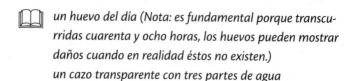 *un huevo del día (Nota: es fundamental porque transcurridas cuarenta y ocho horas, los huevos pueden mostrar daños cuando en realidad éstos no existen.)*
un cazo transparente con tres partes de agua

Realice este ritual siempre en viernes y entre las 19:00 y las 21:00 horas.

Pásese el huevo por el cuerpo, desde la cabeza a los pies. (Si viste con ropa de hilo o algodón blanco no necesitará quitársela.) Seguidamente, introduzca el huevo en el cazo y vea cómo se comporta:

1. *Se va al fondo:* no hay hechizo ni daño de ningún tipo.
2. *Flota:* ha ingerido un hechizo a través de un alimento.
3. *Se mantiene en equilibrio de punta:* le han hecho un conjuro amoroso.
4. *Se mueve en la base como una brújula:* ha recibido un conjuro muy fuerte en todos los planos de su ser, tanto físico como mental y afectivo.
5. *Al llegar al fondo desprende burbujas:* ha recibido un conjuro porque quieren apoderarse de sus pensamientos.

(Busque en este libro la receta que más le convenga para «limpiarse».)

EL PEREJIL

Si bien, en general, se ha empleado para proteger la salud, su poder mágico ha servido incluso para atraer o unir parejas.

Baño de amor

(receta medieval)

3 ramas de perejil
unas hojas de menta
un poco de cilantro
6 gotas de aceite de oliva
1 gota de vinagre
una pizca de canela en polvo
10 litros de agua

Este baño mágico se debe realizar el último día del año y el cuarto día del año nuevo. Siempre a las 15:00 horas. Lleve a ebullición las hierbas, en la cantidad de agua indicada, durante 15 minutos.

Cuando esté templada, cuélela (pero no deseche las hierbas) y báñese con jabón neutro. Seguidamente, pásese las hierbas por todo el cuerpo. Según dicen, esta combinación de elementos en las proporciones indicadas es infalible. Por último, enjuáguese con el agua y séquese a golpecitos suaves con una toalla blanca. Antes de los 18 días posteriores al último baño verá los increíbles resultados.

Ayude a que entre más dinero en su hogar

1 recipiente de cristal
1 moneda de cobre
2 rosas rojas
3 rosas amarillas
1 clavel blanco
1 rama de perejil

Este ritual se puede realizar en cualquier momento. Corte los extremos del perejil y colóquelos en el recipiente. Ponga también las flores que se indican. Agregue el agua necesaria e introduzca la moneda. Deberá dejarlas allí dos días. Vuelva a realizar todo una vez más. Le aseguro que la energía que desprende esta combinación de plantas es muy potente.

EL ORÉGANO

Esta hierba aromática es un importante depurador. Siempre que acabe una relación, los magos aconsejan quemarlo y esparcir su humo por toda la casa. He aquí algunas recetas.

Amuleto para las energías negativas

1 bolsita de tela de hilo blanca
8 cucharadas de orégano
1 cucharada de albahaca
1 cucharada de azafrán
1 cucharada de pimienta blanca

Prepare este amuleto en Luna llena, a las 21:00 horas. Introduzca los ingredientes en la bolsita y cosa su extremo. Duerma con ella durante diez días. Después, llévela consigo.

Una a los seres queridos

3 cucharadas de orégano
1 litro de alcohol
2 cazos transparentes
2 monedas
1 vela azul
1 vela amarilla

Este ritual deberá realizarse siempre en Luna nueva y al atardecer. Encienda la vela azul y colóquela a su izquierda (representa al mayor de los seres que usted desea unir). Seguidamente, haga lo mismo con la vela amarilla (la persona menor). Vierta 1/2 litro de alcohol en cada cazo e introduzca una moneda en cada uno de ellos. Concéntrese en las personas que desea unir. Ahora, espolvoree el orégano, de un cazo a otro, de manera alternativa, mientras repite el siguiente conjuro.

«En nombre de san Onofre y en nombre de san Crispín, que (nombre a las personas) sean lavadas por medio de este orégano de todos los males, de todas las imperfecciones, de todas las rencillas. Así sea». Rece tres padrenuestros y tres avemarías. No olvide que debe dejar que las velas se consuman. De todos modos, no deje de leer el lenguaje de sus llamas.

Apéndice

Los 11 consejos sabios ofrecidos por los mejores magos de todos los tiempos

1. Siempre que utilice la escoba, recuerde barrer para dentro. Jamás saque nada por la puerta de su vivienda. Es el mejor modo de ahuyentar la prosperidad.

2. Si quiere que una persona no vuelva más a su casa, barra sus huellas hasta el dintel de la parte interior de la puerta. Vierta en ese lugar tres gotas de vinagre o eche un puñado de sal gruesa.

3. Si alguna persona indeseable ha llegado a su hogar, coloque la escoba del revés detrás de la puerta más próxima. Verá cómo se marcha de inmediato.

4. Si alguien de su familia está pasando por una mala racha, coloque una tijera abierta —con las puntas hacia arriba— detrás de algún mueble durante siete días.

5. Si, por el contrario, cree que le han hecho mal de ojo, colóquela con las puntas hacia abajo, y siempre abierta.

6. Nunca tienda la ropa del derecho si comparte la terraza con sus vecinos.

7. Si ha comenzado un nuevo trabajo y siente malas vibraciones, vaya al lavabo y ate tres nudos en un pañuelo mientras repite la siguiente frase: «Poncio

Pilatos, si las cosas no mejoran no te desato». Y no deshaga los nudos hasta que no mejoren.

8. Si desea que una persona que ha venido a visitarlo no regrese más, deje que sea él (o ella) quien abra la puerta al salir. Ciérrela usted. (Si quiere lo contrario, ¡jamás permita que lo haga!)

9. Para recargarse de energía positiva, duerma siempre con la cabeza orientada al norte y los pies al sur.

10. Si acostumbra a llevarse un vaso de agua a la cama, porque suele beber agua por las noches –mucha gente lo hace–, téngalo siempre tapado, ya que podría absorber malas vibraciones. Se dará cuenta porque, al beberla, tiene burbujas.

11. Acostúmbrese a tener siempre imanes cerca de la puerta de entrada de su casa, puesto que poseen un gran poder para neutralizar las energías negativas.

Índice